coleção primeiros passos  50

Danda Prado

O QUE É FAMÍLIA

2ª edição

São Paulo
editora brasiliense

Copyright © by Danda Prado
Nenhuma parte desta publicação pode ser gravada, armazenada em sistemas eletrônicos, fotocopiada, reproduzida por meios mecânicos ou outros quaisquer sem autorização prévia da editora.

1ª edição, 1991
2ª edição, 2011
1ª reimpressão, 2013

Diretora editorial: *Maria Teresa B. de Lima*
Editor: *Max Welcman*
Produção editorial: *Adriana F. B. Zerbinati*
Produção gráfica: *Adriana F. B. Zerbinati*

**Dados Internacionais de Catalogação na Publicação(CIP)
(Câmara Brasileira do Livro, SP, Brasil)**

Prado, Danda
  O que é família / Danda Prado. -- 2. ed. --
-- São Paulo : Brasiliense, 2013. -- (Coleção Primeiros Passos ; 50)

1ª reimpr. da 2ª ed. de 2011.
ISBN 978-85-11-01050-3

1. Família 2. Família - Brasil I. Título II. Série.

10-12227   CDD - 306.85

Índices para catálogo sistemático :
1. Cidadania: Ciência política   323.6

editora brasiliense ltda
Rua Antônio de Barros, 1839 – Tatuapé
Cep 03401-001 – São Paulo – SP
www.editorabrasiliense.com.br

SUMÁRIO

I - Introdução 11
II - Funções da família 41
III - História da família 56
IV - A família brasileira contemporânea 78
V - Conclusão 100
Indicações para leitura 103
Sobre a autora 106

Meus agradecimentos

A MARIZA FIGUEIREDO
que, em realidade, foi coautora deste trabalho.

A MARIA JOSÉ DE LIMA
por sua leitura, seus comentários críticos e apoio.

Dedico este livro à minha família "de origem", à minha família "de procriação", a todos os satélites familiares que me rodearam na vida, a todos os amigos e amigas que me ajudaram com suas vivências a refletir sobre os mistérios da família.

I
INTRODUÇÃO

O que é família?

A história da humanidade, assim como os estudos antropológicos sobre os povos e culturas distantes de nós (no espaço e no tempo), esclarece-nos sobre o que é a família, como existiu e existe. Mostra-nos como foram e são hoje ainda variadas as formas sob as quais as famílias evoluem, se modificam, assim como são diversas as concepções do significado social dos laços estabelecidos entre os indivíduos de uma dada sociedade.

Ninguém tem por hábito perguntar: "Você sabe o que é uma família?". A palavra "família", no sentido popular e nos dicionários, significa pessoas aparentadas que vivem, em geral, na mesma casa, particularmente o pai, a mãe e os filhos, ou ainda, pessoas de mesmo sangue, ascendência, linhagem, estirpe ou admitidos por adoção.

Paradoxalmente, todos sabem o que é uma família, já que todos nós somos parte integrante de uma. É uma entidade, por assim dizer, óbvia para todos. No entanto, para qualquer pessoa é difícil definir essa palavra e mais exatamente o conceito que a engloba, que vai além das definições livrescas.

A maioria das pessoas, quando aborda questões familiares, refere-se espontaneamente a uma realidade bem próxima, partindo do conhecimento da própria família, realidade que crê semelhante para todos, e daí acaba generalizando ao falar das famílias em abstrato.

Os tipos de família variam muito, como veremos no decorrer destas reflexões, embora a forma mais conhecida e valorizada ainda em nossos dias seja a família composta de pai, mãe e filhos, chamada família "nuclear", "normal" etc.

Esse é o nosso modelo, que desde crianças vemos nos livros escolares, nos filmes, na televisão, mesmo que em nossa própria casa vivamos um esquema diverso.

As famílias, apesar de todos os seus momentos de crise e evolução, manifestam até hoje uma grande capacidade de sobrevivência e também, por que não dizê-lo, de adaptação, uma vez que ela subsiste sob múltiplas formas.

Jamais encontramos, ao longo da História, uma sociedade que tenha vivido à margem de alguma noção de família, isto é, de alguma forma de relação institucional entre pessoas de mesmo sangue.

Nem mesmo em sociedades que tentaram novas experiências, como a China, com o questionamento da família tradicional, ou Israel, com os *kibutzim*, onde as mulheres saem para trabalhar e as crianças vivem em comunidade, desapareceu a noção básica de família. Se generalizando dessa forma torna-se difícil definir o que entendemos por FAMÍLIA, não é difícil indicar o que seria a NÃO FAMÍLIA.

Entre o indivíduo e o conjunto da sociedade existem os vários grupos profissionais, de identidade, ideológicos, religiosos, étnicos, educacionais etc. Estes não englobam, no entanto, os indivíduos enquanto indivíduos, em toda a sua história de vida pessoal. Não incluem necessariamente, como na família, os recém-nascidos e os anciões, os portadores de deficiência e os considerados "normais". São grupos delimitados e temporários, no tempo e no espaço, com objetivos definidos.

A natureza das relações dentro de uma família vai se modificando no decorrer do tempo. Com relação à evolução que a família vem sofrendo, ainda se discute muito o aspecto ligado ao questionamento da posição das crianças como "propriedade" dos pais.

Outro aspecto que ainda é base de muita discussão, mas que já sofreu grandes transformações, se não evoluções, no decorrer, em especial, das últimas décadas, relaciona-se aos papéis assumidos por homens e mulheres dentro do núcleo familiar, o que reflete o surgimento de uma nova estrutura social.

De fato, não se poderá mudar a instituição familiar sem que toda a sociedade mude também. Podemos afirmar ainda que qualquer modificação na organização familiar implicará também uma modificação nos rígidos papéis de esposa/companheira, mãe e, mais recentemente, provedora, assumidos pela mulher.

Quanto às crianças, há algum tempo o Estado intervém entre os pais e filhos. Na Suécia, por exemplo, os pais são passíveis de denúncia pelos vizinhos caso punam fisicamente seus filhos.

Por meio da escola, do controle sobre os meios de comunicação, de médicos e de psicólogos, o poder dominante de cada sociedade impõe, mais ou menos sutilmente, normas educacionais, sendo difícil aos familiares contrariá-las. De maneira geral, no entanto, cabe ainda aos pais grande parcela de poder de decisão sobre seus filhos menores. A esse poder equivalem, por parte dos filhos, direitos legais em relação a seus pais, em particular no sistema capitalista, como: direitos à assistência, à educação, à manutenção e à participação em seus bens e proventos.

Ao inverso do que comumente pensamos, segundo o tipo de sociedade da época vivida ou estudada, varia a composição dessa unidade social, a família, assim como seu modelo ideal.

Cada família varia também a sua composição durante sua trajetória vital, e diversos tipos de família podem coexistir numa mesma época e local. Por exemplo: casais que viveram numa família extensa, com mais de duas gerações dentro de casa, tornam-se nucleares ou conjugais pela morte dos membros mais velhos e, quando os filhos saem de casa, voltam a viver somente como um casal.

Paralelamente, podem existir famílias naturais em virtude de fatores diversos, isto é, mulheres que não quiseram ou não puderam viver com o homem com quem tiveram um filho. Ainda nesse caso, a história individual pode levar essas mulheres a se casarem num outro momento e comporem uma família nuclear.

Uma mãe com filhos sem designação de um pai — ou vice-versa — constitui, de todo modo, uma família, segundo o artigo 25 do ECA — Estatuto da Criança e do Adolescente (Lei 8.069/1990).

Há ainda os fatores culturais que determinam o predomínio de um tipo de família nuclear, como é o caso hoje em dia, por ser esse o modelo veiculado por determinada cultura, coexistindo com várias famílias que, por fatores socioeconômicos apresentam grande variedade em sua estrutura. Por exemplo, nos Estados Unidos encontramos os membros da seita mórmon, que admitem a poligamia, o que é inadmissível para os outros grupos religiosos do país.

Reiteramos: a família não é um simples fenômeno natural. Ela é uma instituição social que varia ao longo da História e até apresenta formas e finalidades diversas numa mesma época e lugar, conforme o grupo social que esteja sendo observado.

Por exemplo: com a Constituição de 1988, filhos havidos ou não na relação de um matrimônio passam a ter os mesmo direitos, sendo vedados quaisquer atos discriminatórios com relação a eles. Consequentemente, a partir de então, ficou proibida a uma criança nascida sem o reconhecimento por parte do pai, ter estampado em seus documentos de identidade o carimbo de "filho ilegítimo".

Podemos citar também a ambiguidade social relativa à mulher que dá à luz. À primeira vista, tratar-se-ia de uma mãe com o respectivo filho. No entanto, para ser considerada socialmente mãe, não terá sido suficiente o lado biofisiológico do processo de gravidez e parto. É preciso, conforme a cultura à qual pertença, que esse processo tenha se dado segundo os usos e costumes e, até mais rigidamente, segundo as leis de Direito em vigência numa determinada sociedade e num determinado momento. Por exemplo, na França, os pais de uma parturiente menor de idade têm mais poder que ela para decidir sobre o destino do filho. Isso nos demonstra de modo evidente o quanto o fator social é dominante sobre o fator natural.

A família, como toda instituição social, apresenta aspectos positivos, como núcleo afetivo, de apoio e solidariedade. No entanto, expõe, ao lado desses aspectos, outros negativos, como a imposição normativa por meio de leis, usos e costumes, que implicam formas e finalidades rígidas. Torna-se, muitas vezes, elemento de coação social, geradora de conflitos e ambiguidades.

É frequente termos melhores contatos com pessoas de fora do círculo familiar que vemos diariamente, do que com os parentes, a quem nos limitamos telefonar ou visitar de vez em quando ou formalmente. A relação familiar mantém-se, mas seu conteúdo afetivo, se empobrece.

Assim, uma divergência em relação à escolha de um cônjuge pode afastar por longos períodos membros muito unidos de um grupo familiar, o que não os impede de estar presentes na memória dos componentes aliados ou opostos a suas atitudes ou de se encontrar em reuniões comemorativas, eventos familiares etc. Os critérios de "lealdade" para com a família de origem ou a de reprodução muitas vezes são também conflitantes.

Como dizem os termos, família de origem é aquela de nossos pais; família de reprodução, aquela formada por dois indivíduos e os filhos decorrentes dessa relação.

Apesar dos conflitos, a família é única em seu papel determinante no desenvolvimento da sociabilidade, da afetividade e do bem-estar físico dos indivíduos, sobretudo durante o período da infância e da adolescência. Talvez porque os laços de sangue ou de adoção criem um sentimento de dever, ninguém pode se sentir feliz se lhe faltar completamente a referência familiar.

Além dos laços de sangue, há os compromissos assumidos, como aqueles existentes entre cônjuges e também entre uma criança e um pai "provável". Sabemos que, em princípio, só a mãe pode confirmar a paternidade exata de seu filho. Por sua vez, se não se recorrer a um teste de paternidade, o homem limita-se a um "ato de fé" naquela mulher que diz ser a mãe de um filho seu ou, em normas legais, que lhe atribuem como seu filho qualquer criança nascida na vigência de um casamento.

Famílias alternativas

Hoje em dia, há diversas experiências substitutivas da família. Entre elas estão as comunidades, como alternativa aos problemas enfrentados em razão da redução das famílias contemporâneas, por sua mobilidade e por suas dificuldades em se relacionar com outras de modo estável.

Vale a pena refletirmos sobre essas experiências. Trata-se de fenômenos sociais cuja extrema variedade impede que sejam assimilados às outras formas de família. Pode-se dizer que uma comunidade nasce da união de alguns indivíduos adultos decididos a viver num grupo social autossuficiente.

Entre as inúmeras razões que levam a essa escolha, há a tentativa de reencontrar um tipo de relação existente ou idealizada na imagem da família extensa, educando coletivamente as crianças e integrando os demais de qualquer idade. Trata-se da recusa do isolamento em que vive a família nuclear.

Há também uma origem mística ou religiosa nessas comunidades, em particular naquelas que se formaram em tempos remotos. No mundo contemporâneo, notam-se certas motivações de caráter político ou ideológico, que se impõem como uma tentativa revolucionária de recusa aos sistemas socioeconômicos e morais em vigência, assim como às formas de produção e ao consumo.

No século XIX, no Brasil, tivemos uma comunidade anarquista chamada Colônia Cecília, romanceada por Afonso Schmidt, composta de imigrantes italianos. Nos anos 1960-1970, tivemos os casos de comunidades, como por exemplo as dos hippies, sobre as quais grande parte dos meios de comunicação divulgaram somente aspectos pejorativos.

As comunidades variam muito em sua composição e regras de vida. Em algumas, mantém-se a monogamia como forma de ligação entre os seus membros. Em outras, há experiências de amor livre ou de "monogamias sucessivas" entre todos os elementos do grupo, inclusive entre pessoas do mesmo sexo.

As formas de relacionamento sexual diverso da fidelidade tradicional constituem uma aventura difícil, pois as relações afetivas entre os indivíduos se intensificam e, particularmente em nossa cultura, fomos condicionados a um agudo senso de propriedade em relação a nossos parceiros sexuais.

Além disso, os membros de algumas dessas comunidades são obrigados a viver clandestinamente na maioria dos países (disfarçando o fato de não viverem como casais estabelecidos), pois são passíveis de incorrer em vários delitos segundo o Direito vigente. A repressão torna-se particularmente grave com a presença de crianças que, por motivos ideológicos, não frequentam o sistema escolar institucional, e quando existem infrações aos costumes locais as palavras são consideradas muito drásticas, como nos casos de vínculos homossexuais, da prática de amor livre etc.

Em termos econômicos, nessas comunidades cada indivíduo tem suas próprias fontes de subsistência ou se dedica coletivamente a atividades cooperativas, como agricultura, artesanato e outros.

Todas essas formas de relacionamentos possíveis de existir nessas comunidades já ocorreram em outras sociedades.

Entre os gregos, por exemplo, a monogamia só era legalmente exigida por parte das esposas. O marido podia ter uma ou mais concubinas e mesmo manter relações homossexuais.

Ainda hoje entre os Baruya da Nova Guiné, os casais são monogâmicos em relação à reprodução e a determinados serviços prestados pelas mulheres aos maridos, e vice-versa. Assim, cada marido entrega à sua esposa, e a ela somente, algumas partes da caça, enquanto ela cozinha somente para ele. Mas a moradia de ambos os sexos, mesmo após o casamento, é separada. As mulheres moram com os filhos (os meninos, até a puberdade). A vida afetiva e sexual entre indivíduos do mesmo sexo é tolerada. O relacionamento sexual da mulher com o marido realiza-se cercado de inúmeros rituais e tabus, o que dificulta sua ocorrência.

Nas ilhas Marquesas (Oceania), a esposa presta serviços sexuais ao marido e aos outros homens de seu grupo de residência, mas os filhos nascidos pertencem todos ao marido. Entre os esquimós persiste a monogamia, mas a esposa presta serviços sexuais aos hóspedes do marido.

A família poligâmica existe ainda hoje, de forma institucionalizada, em várias culturas. Um homem, nesse caso, vive maritalmente com várias mulheres ao mesmo tempo, que lhe prestam os mais variados serviços, além de lhe dar filhos. O direito a ter várias esposas nunca foi de todos os indivíduos numa certa sociedade. Uma simples razão é que o número de mulheres nunca foi muito maior do que o de homens, exceto em casos de guerra ou emigração maciça. Nas regiões agrícolas africanas, ao sul do Saara, 1/3 da população masculina teve ou tem mais de uma mulher. Os restantes 2/3 vivem com uma só ou, em alguns casos, nem se casam.

Em geral, a poligamia institucional só é acessível ao homem pertencente ao grupo dominante, aquele que usufrui de prestígio e/ou poder econômico. A primeira esposa quase sempre tem uma posição hierárquica superior à segunda e, de modo geral, cada esposa e os respectivos filhos moram numa unidade residencial separada.

O trabalho dessas mulheres no campo, que não é remunerado pelo marido, permite que se aproprie de inúmeros lotes de terra, assim enriquecendo. Com o avanço da industrialização em todas as regiões, é hoje comum encontrar um casal, em uma grande cidade africana, que aparente viver o modelo ocidental de família nuclear, mas que, em realidade, se mantém à custa das outras esposas do marido, que ficaram no campo. E isso se passa sob o abrigo da legislação local.

Além das experiências de vida em comunidades, existem ainda outras formas de famílias que não cabem nos conceitos clássicos de família. Elas têm surgido e se desenvolvido nas sociedades mais adiantadas do mundo moderno e, portanto mais tolerantes, que se enriquecem com essas novas formas. São indicativas de experiências ou de abordagens científicas do comportamento humano e influem diretamente na evolução e na transformação dos costumes. Seria difícil tentarmos aqui distinguir as principais características que as diferenciam das formas tradicionais. Destacaremos algumas:

a) A família criada em torno a um casamento "de participação": trata-se de ultrapassar os papéis sexuais tradicionais. O marido e a mulher participam das mesmas tarefas caseiras e externas. Surgida a partir das manifestações feministas, essa é uma família que vem cada vez mais ganhando espaço nas sociedades modernas. A mulher, embora ainda ganhe menos que o homem, tem ocupado postos de trabalho cada vez mais importantes e, muitas vezes, se transformado no arrimo da família. O homem, por sua vez, também tem colaborado mais com sua participação nas tarefas diárias — embora ainda, muitas vezes, não suficientemente.

b) O casamento "experimental": consiste na coabitação durante algum tempo, só legalizando essa situação após o nascimento do primeiro filho. Esse tipo de relacionamento, que não constitui em sua primeira fase uma "família", redundará para o casal e seus filhos, mais tarde, em uma família nuclear.

Encontram-se muitos exemplos desses hábitos no passado. De certa forma, pode-se justificar esse costume para se evitar o desperdício de uma cerimônia nupcial ou um caso de infertilidade no casal. O casamento diante do "fato concreto" da gravidez é também utilizado pelos jovens quando estes ainda não têm condições econômicas para sustentar uma família.

c) Outra forma de família seria aquela baseada na "união estável" ou "união livre": em alguns aspectos, é semelhante à escolha anterior, mas caracteriza-se pela intenção de recusar a formalização religiosa e a legalização civil, mesmo com a presença de filhos. A união estável pode ser um casamento monogâmico cuja interpretação da continuidade diverge da forma tradicional: antes, a união, por definição, tinha como objetivo ligar duas pessoas "para toda a vida". Só seria questionada em caso de desavenças ou conflitos graves, quando haveria o recurso ao divórcio. Nesse novo tipo de união, a sua permanência estaria vinculada à duração de um afeto e interesse real e vivo entre o casal. Ambos estariam preparados, ao menos materialmente, para terminar a relação que se tornou insatisfatória no decorrer do tempo.

A união estável foi reconhecida pela Constituição Federal de 1988, que a equiparou ao casamento, com o fim de preservar a família. Direitos e deveres, portanto, adquiridos com a união estável hoje são bastante semelhantes aos do casamento.

Certos tipos de família são vistos como característicos de países não industrializados, reproduzindo-se com grande frequência na América Latina. Mais comum nas camadas de baixa renda é o casamento "de fato", e não o "de direito", que é a família juridicamente constituída segundo as leis vigentes em cada sociedade. Surge mais como uma "estratégia de sobrevivência" do que como uma inovação contestatória a costumes antigos, como no caso da fórmula acima referida de "união estável". Isso porque, não tendo bens a transmitir aos herdeiros, ou tendo somente a casa onde vivem, não recebendo do Estado uma ajuda substancial, nada justifica o recurso à legalização desse relacionamento.

Nesse nível de subsistência, em realidade, ora o homem abandona a mulher, mesmo grávida ou com filhos, ora ela não quer sustentar um homem que não tem perspectivas de lhe trazer alguma vantagem social ou econômica. Essa união aparentemente sem compromissos facilita uniões sucessivas, sempre em busca de um companheiro que divida com ela as responsabilidades domésticas, segundo o modelo idealizado da burguesia.

Os defensores da união estável creem que este será o modelo do futuro, única forma de salvar o casamento monogâmico, adaptando-o à época atual.

d) A família homossexual: ocorre quando duas pessoas do mesmo sexo vivem juntas, com ou sem crianças adotivas ou resultantes de uniões anteriores, ou ainda, no caso de duas mulheres, quando se decide por filhos com inseminação artificial. Isso vem se tornando possível nos países onde essa opção de vida deixou de ser obstáculo legal à convivência com crianças, como nos Estados Unidos e mesmo no Brasil.

Uma família é não só um tecido fundamental de relações, mas, também, um conjunto de papéis socialmente definidos. A organização da vida familiar depende do que a sociedade, por meio de seus usos e costumes, espera de um pai, de uma mãe, dos filhos, de todos seus membros, enfim. Nem sempre, porém, a opinião geral é unânime, o que resulta em formas diversas de família além do modelo social preconizado e valorizado.

Por intermédio da família — menor célula organizada da sociedade —, o Estado pode exercer controle sobre os indivíduos, impondo-lhes diferentes responsabilidades, conforme cada momento histórico. Sem dúvida, nossa instituição familiar é patriarcal, autoritária e monogâmica. Mas cabe a cada um encontrar os subterfúgios, os *modus vivendi*, dentro das normas em vigor.

A atuação do Estado exerce-se também indiretamente, pois este tem o controle de todos os mecanismos sociais existentes. Assim, durante as duas Grandes Guerras Mundiais, por exemplo, as mulheres foram estimuladas a sair de seus lares e a trabalhar, em razão da ausência da mão de obra masculina. Uma série de medidas foram postas em prática para poder liberar as mulheres casadas de suas responsabilidades tradicionais junto aos filhos e à casa. Foram criadas creches, os salários melhoraram, os empregos "masculinos" tornaram-se acessíveis a elas etc.

No fim das guerras, modificou-se novamente a ideologia, e houve motivação para que as mulheres retornassem a suas atividades no lar. Com isso, foram liberados os empregos, o que garantiu a reinserção social dos maridos; por sua vez, houve grande estímulo para que as mulheres tivessem mais filhos, como forma de repor baixas de guerra.

Em certas épocas, acentua-se a importância da proximidade permanente da mãe junto aos filhos, para garantir o equilíbrio emocional deles. Em outros períodos, valoriza-se a educação coletiva das crianças (como em Israel). Dentro de um mesmo Estado, há também interesses opostos. O setor industrial pode necessitar de mão de obra feminina para aumentar o padrão de consumo de produtos industrializados com o acréscimo na renda familiar, enquanto o setor social pode recear o desemprego masculino decorrente desse fluxo de mão de obra feminina no mercado de trabalho.

A família serve, também, de válvula de segurança das revoltas e conflitos sociais. É muito comum que a mulher, que conhece mais de perto as necessidades da casa e dos filhos e para manter o equilíbrio da célula familiar, sirva de contenção às revoltas ocorridas dentro dela e com frequência de "bode expiatório" para suas frustrações, angústias e conflitos irresolúveis no mundo exterior ao lar.

Interessa, portanto, ao Estado canalizar todas as energias individuais ou coletivas para a esfera doméstica, desviando-as da contestação e de reivindicações sociais.

Algumas perspectivas sobre o futuro da instituição familiar

Um dos primeiros objetivos na evolução da instituição familiar seria transformá-la numa célula mais aberta para o exterior e capaz de partilhar com outras famílias uma parte das tarefas domésticas e educativas. Esta, aliás, como vimos anteriormente, é uma das razões pela qual se organizam as comunidades.

Para atender a esse aspecto positivo, contornando o risco do fechamento desse grupo, existiria a tentativa de revitalizar certas funções familiares baseadas na solidariedade da vizinhança. Por meio de creches e do encaminhamento das crianças às escolas ou da compra coletiva de aparelhos eletrodomésticos e de limpeza, uma relativa coletivização seria alcançada, o que não implicaria viverem todos sob o mesmo teto, mas manter, cada unidade familiar, sua moradia própria. A família, hoje em dia, está arriscada a se tornar uma engrenagem funcional cada vez mais dependente do Estado.

Hoje, os laços entre os membros da família nuclear se enfraquecem, porque a responsabilidade coletiva da família como núcleo pelo qual se realizam projetos em comum diminui cada vez mais. Isso também acontece porque seus membros são absorvidos por suas próprias atividades, num meio ambiente específico (o ambiente das crianças, dos jovens, dos casais etc.). Colônias de férias e saídas coletivas em fins de semana e férias substituem as reuniões dominicais com os parentes ou viagens familiares.

As decisões relativas ao futuro e às condições de vida das famílias são tomadas em um âmbito tecnocrático apoiado numa rede de informações eletrônicas, que aumentam a eficiência dos dispositivos do Estado, para um controle individual e familiar. Para Shorter:

"A família contemporânea caminha para o desconhecido e sem rumo. Pode orientar-se em três diferentes direções, e até hoje sem precedente histórico:

1) à ruptura definitiva dos laços que uniam as velhas gerações às mais novas: a indiferença que manifestam os adolescentes pela identidade familiar e pelo que ela possa representar e defender e que se rompe na descontinuidade dos valores entre pais e filhos;

2) à maior instabilidade dos jovens casais, que se reflete no aumento vertical da curva de divórcios;

3) à destruição sistemática, por meio da 'liberação' da mulher, do conceito 'lar/ninho' em torno do qual foi construída a vida da família nuclear".

Paralelamente a esse avanço dos poderes de uma sociedade tecnocrática, surge uma nova corrente de pensamento: aquela que pensa que a família poderá se constituir numa tentativa para reinventar espaços de livre escolha.

Nesses espaços, a célula familiar pode atuar em níveis variados, como buscar mais tempo livre e mais recursos para utilizar esse tempo livre até a diminuição do controle social, exercer livremente sua sexualidade, exigir a liberdade de educar as crianças como cada um bem entender etc.

Essa grande reivindicação de autonomia e de controle de seu próprio espaço social por parte das famílias pode assumir uma forma "coletivista". Nesta, dar-se-ia ênfase à organização e a um importante desenvolvimento de serviços coletivos, de redes associativas, mas descentralizadas, permitindo assim uma autogestão por parte dos próprios usuários.

As famílias também poderiam assumir uma postura "anarquista", com a extensão das formas familiares comunitárias, incluindo, às vezes, a produção de bens de consumo, baseada essencialmente nas relações informais, com um mínimo de recurso voltado às estruturas administrativas.

Expectativa em relação ao futuro da família

No fim da década de 1980 e começo da de 1990, a situação econômica mundial refletiu no modo de vida, fazendo com que o papel da mulher dentro do núcleo familiar fosse repensado. Com dificuldades financeiras, a mulher viu-se cada vez mais obrigada a sair do lar e buscar uma colocação no mercado de trabalho.

Em princípio, esse movimento não quis parecer uma competição corpo a corpo entre a capacidade feminina *versus* a masculina. Ao contrário. As mulheres entraram no mercado de trabalho em desvantagem: tinham os piores postos e ganhavam menos que os homens, mesmo ocupando cargos semelhantes (o que de certa forma, ainda ocorre hoje em dia). Mesmo assim, necessitavam se manter no trabalho para que pudessem equilibrar as finanças familiares.

Isso sem contar que o fato de estar inserida no mercado de trabalho não significava que houvesse alívio em suas outras tarefas: de esposa e dona de casa. Houve sim, um acúmulo de funções, uma vez que, ainda hoje, muitos homens se recusam a partilhar as tarefas domésticas, por ainda acreditarem que se trata de algo que faça parte do universo meramente feminino.

No entanto, a tendência é que, aos poucos, esse pensamento também mude. Cada vez mais as mulheres estão à frente de cargos/postos que, até pouco tempo atrás, faziam parte exclusivamente do universo masculino. Cada vez mais, mulheres se tornam chefes de família, sustentando sozinhas seus filhos e sua casa. Cada vez mais, mulheres desdobram-se para dar conta das diversas tarefas acumuladas no dia a dia.

E aos poucos, ainda timidamente, os homens percebem que precisam mudar sua postura e agregar mais tarefas domésticas para si mesmos, igualando-se também nisso às mulheres.

Sabe-se que é muito difícil existir a igualdade concreta entre homens e mulheres que permita uma transformação total das relações sociais, enquanto seguirmos vivendo numa sociedade patriarcal — e, portanto, discriminativa das mulheres (sexista) — e dividida em classes.

Será que a análise das pesquisas de opinião permitiria de forma mais objetiva conjecturar sobre o futuro da instituição familiar?

Pensamos obviamente que não, já que as modificações e a sua evolução não são o simples resultado de projetos elaborados conscientemente ou de acordo com planos e escolhas racionais.

O que se poderia tentar buscar por meio dessas sondagens seriam as diferenças existentes entre os diversos modelos familiares e quais, entre eles, estariam evoluindo de forma dominante. Ou ainda, buscar quais as condições atualmente favoráveis ou desfavoráveis em cada extrato social para a evolução ou transformação da família.

As estatísticas têm registrado certos fenômenos, de maneira mais ou menos acentuada, em todos os países. Assim, o divórcio está cada vez mais frequente, em especial, nos países industrializados; há o aumento crescente de mulheres que trabalham fora de casa; as taxas de natalidade em países mais ricos e industrializados estão em franca diminuição.

Se pusermos lado a lado essas afirmações estatísticas universalmente mais evidentes, as reivindicações dos jovens e das mulheres, assim como as tentativas de formas alternativas elaboradas por homens e mulheres (comunidades, famílias "originais" etc.), veremos que há certa coincidência em suas formulações.

Seria fácil concluir, após as premissas acima, que caminhamos nessa direção. Ora, deixamos de lado justamente aquelas correntes de pensamento que detêm um grande poder nas sociedades atuais, as crenças religiosas e suas respectivas igrejas. Um dos campos de atuação fundamental de suas doutrinas é o da normalização das relações entre os sexos, a "moral".

Para essas, as propostas que alinhamos no decorrer este trabalho, e que tentam manter os laços familiares com seus aspectos positivos, são justamente os aspectos mais condenáveis das experiências modernas. Acusam-nos como sendo os sintomas de "crise" na família, de sua "decadência".

Representam as forças tradicionais. Defendem a manutenção de uma estrutura rígida, com papéis definidos para homens e mulheres, ignorando os fatos objetivos, isto é, a grave insatisfação existencial das sociedades contemporâneas. Confundem causas e consequências. Afinal, esse modelo de família centralizado na autoridade paterna vigorou por tempo suficiente para ser avaliado.

Exemplo disso é a fuga dos jovens a partir do consumo de entorpecentes, fato esse presente em todas as famílias, inclusive naquelas que procuram manter-se, contra ventos e marés, numa hierarquia autoritária, em que o poder de escolha, de decisão, de orientação cabe sempre aos mais velhos.

Por outro lado, a História recente nos demonstra que um dos pontos de apoio de filosofias e de regimes autoritários sempre foi a rigidez dogmática de usos e costumes referentes ao inter-relacionamento entre homens e mulheres.

Stalin fez retroceder aos anos 1930, com o decreto de 1940, o caminho de uma estrutura familiar liberal que germinava nos ideais da revolução soviética. Hitler preconizava a teoria dos três "Ks" — *Kinder, Kuche, Kirche* (crianças, cozinha, Igreja) — como único destino das mulheres patriotas, na Alemanha nazista. O integralismo e o fascismo fundamentam na constituição da família sua força, assim como assistimos às lutas de um islamismo obscurantista, no Irã, que pune hoje com a morte uma infidelidade conjugal, por exemplo.

As formas alternativas de vida familiar expostas neste texto, que se confundem com novas atitudes em relação à produção e ao consumo, não são talvez mais do que os indícios precursores de uma transformação profunda da vida cotidiana, única estratégia, sem dúvida alguma, para sabotar, a longo prazo, formas arcaicas e perigosas de organização social.

II
FUNÇÕES DA FAMÍLIA

As funções de cada família dependem em grande parte da faixa que cada uma delas ocupa na organização social e na economia do país ao qual pertence.

É preciso distinguir as expectativas sociais em relação à família e aquelas que ela própria preenche em relação aos elementos mais indefesos da sociedade: crianças e portadores de deficiência em todas as idades. Com frequência, algumas dessas funções são complementares; outras, chegam a se contradizer, quando a família não está adequada ao modelo preconizado por aquele grupo social.

Toda e qualquer família exerce sempre inúmeras funções, nas quais sendo que algumas recebem apoio e interferência de instituições sociais, enquanto outras funções são assumidas com exclusividade.

Por exemplo: a socialização das crianças é dividida pela família e pelas instituições educacionais. A saúde dos membros da família é também hoje complementada pelas instituições de saúde pública, além da atuação da família, que é solicitada a cumprir regras de higiene, de cuidados no tratamento etc.

Entre as inúmeras funções da família que correspondem a uma expectativa social, temos a função de identificação social dos indivíduos, de reprodução, produção de bens (alimentação, vestuário, brinquedos, remédios etc.) e consumo.

Nas expectativas das crianças e dos portadores de deficiência em relação à família, estão a proteção de jovens, a educação e a socialização da nova geração, os serviços domésticos de toda ordem (higiene, cozinha, costura etc.), o cuidado aos velhos quando deficientes. E entre as expectativas sociais e dos indivíduos, tem-se as atividades de lazer (festas, passeios etc.), civis, religiosas (transmissão e cumprimento de crenças e preceitos), de fiscalização de comportamentos de obediência a hierarquias e autoridades, entre outras.

Nas famílias antigas, a maior parte dessas funções era exercida somente pelo grupo familiar, embora contassem com a ajuda de terceiros num regime de troca de serviços entre os membros de uma mesma comunidade.

Durante a Idade Média, por exemplo, crianças eram entregues a outras famílias que não as de origem, nas quais faziam sua aprendizagem profissional ou mesmo social, como a aquisição de "maneiras", hábitos e costumes necessários a aspirantes a damas e cavaleiros, nos casos das famílias nobres.

Com a industrialização e a produção de bens em grande escala (roupas, produtos alimentares, lazer acessível a grandes massas, como o rádio e a televisão etc.), as funções exclusivamente familiares foram se transformando e se restringindo, e hoje ainda podemos indicá-las como prioritárias e exclusivas:

Reprodução

A possibilidade de, se reproduzir é uma condição indispensável à mera distinção entre um grupo de indivíduos e uma "sociedade" propriamente dita. Esta tem de contar com a reposição permanente de seus membros inutilizados ou extintos. A reprodução em si é um fenômeno animal e humano, natural, biofisiológico, presente entre todos os seres vivos. No entanto, se encontramos casos em que o macho limita-se a liberar seu sêmen na água (com fazem os sapos e os peixes), que por sua vez é captado pela fêmea sem nenhum contato direto entre eles, assim como casos em que a função do macho inclui, além da fecundação direta da fêmea, a prestação de serviços aos filhotes durante certo período após o nascimento (por exemplo: o cavalo-marinho macho termina a gestação do filhote em seu próprio corpo; inúmeros pássaros machos trazem alimento e transportam sua prole até que possa voar). Encontramos um sem-número de outros comportamentos ligados à fecundação e à reprodução.

Só entre os humanos encontramos a constituição de núcleos familiares que em princípio se mantêm por todo o ciclo de vida de seus componentes. A família "natural", mãe e filhos menores sem nenhuma ligação entre estes e o pai biológico, é o caso de quase a totalidade dos animais.

No entanto, entre os seres humanos não existe grupo social historicamente conhecido que não tenha o processo da reprodução regulamentado e codificado de forma bastante rigorosa. A identificação de um pai (social) é, regra geral, quase uma condição de sobrevivência e de inserção do recém-nascido em seu meio, no caso das sociedades patriarcais. Por exemplo: em certas culturas, a criança sem pai identificado é morta ao nascer.

Foi frequente o fenômeno denunciado por antropólogos, do rapto de mulheres jovens. Isso se dava quando indivíduos pertencentes a grupos dizimados decidiam fundar uma nova sociedade e raptavam, para esse fim, mulheres de grupos, para perpetuar, seus próprios grupos.

O *Rapto das Sabinas* é uma ilustração conhecida desse fato, que, aliás, é ainda muito frequente hoje em dia e causador de guerras tribais entre os indígenas da América do Sul.

As mulheres raptadas assumem claramente a função de simples "reprodutoras", não participando da criação dessa nova sociedade, já que sua própria tradição cultural é desnecessária ao novo grupo.

O fenômeno equivalente e oposto teria sido a constituição da sociedade das amazonas (Europa central) no ano 1600 a.C., conforme descrito por Justino, historiador latino. Os homens teriam sido excluídos por sua vez (em reação à sua atitude de dominação das mulheres) de uma efetiva participação na sociedade. As famílias eram constituídas de mulheres que, para se reproduzir, mantinham contatos esporádicos com grupos de homens estrangeiros. Elas viviam exclusivamente entre si e com seus filhos.

Identificação social

A importância, em nossa cultura, de estabelecer "quem é filho de quem", é subestimada ou ignorada pela maioria. No entanto, em todas as camadas da população, esse é um elemento essencial de nossa inserção social. Segundo alguns sociólogos, essa função da família seria a mais importante, já que é ela quem determina o grupo familiar propriamente dito em oposição à família "natural", que simplesmente reproduz indivíduos.

A "filiação" é um quesito indispensável em nossos documentos civis, fonte de deveres, obrigações e privilégios (heranças, cargos e honrarias, responsabilidades em caso de saúde etc.).

Socialização

É por meio da própria família que a criança se integra no mundo adulto. É nesse meio que aprende a canalizar seus afetos, a avaliar e selecionar suas relações. Ora, toda família visa, primeiramente, reproduzir-se em todos os sentidos: seus hábitos, costumes e valores que transmitirão, por sua vez, às novas gerações.

É na família, ainda, que a criança recebe orientação e estímulo para ocupar um determinado lugar na sociedade adulta, em função de seu sexo, sua etnia, suas crenças religiosas, seu status econômico e social. Os jovens aprendem e assumem (questionam eventualmente) as atitudes e papéis do pai e da mãe. Isso se torna claro quando observamos a educação diferenciada das crianças conforme o sexo.

No seio familiar, marido e mulher exercem funções diversas, às vezes, e complementares. Em regra, o marido é o provedor de bens materiais. Exerce uma profissão, que é o critério mais importante para determinar o status de sua família na comunidade. Ser o ganha-pão dos seus é o ideal ou, em termos de expectativa, o papel prioritário do homem adulto em nossa sociedade. Daí decorre que a participação do marido nas tarefas doméstica seja ainda mínima, cabendo à mulher a criação dos filhos e os cuidados do lar.

Essa bipolaridade dos papéis em função do sexo pode ser determinante para a formação da personalidade da criança. O menino identificar-se-á com o pai. A menina aproximar-se-á da mãe e representará com ela o papel prioritário nos assuntos internos, emocionais e domésticos.

No entanto, essa é uma característica que está mudando. Cada vez mais, a mulher, desde cedo, vem sentindo a necessidade de buscar uma profissão, como forma de sobrevivência, inclusive de sua família, em muitos casos. Portanto, a ideia de que a mulher deva ser criada para a vida doméstica, vem aos poucos se transformando.

Em alguns locais, ainda é comum que a filha seja educada e destinada para um casamento como meio de inserção social, o que vai se refletir depois na própria família. Nesses casos, são bastante comuns as alianças matrimoniais que reforçam interesses e círculos de relações, assim como, ao inverso, famílias se "degradam" pelas novas alianças.

Uma das maneiras mais seguras de perpetuar os privilégios de classe é o casamento homógamo (com seus iguais). Esse tipo de casamento é dominante, tanto em sociedades ocidentais como nas sociedades orientais e, sobretudo, nas tribais.

Quanto aos filhos de sexo masculino, sua socialização é feita visando a lhes dar, principalmente, uma profissão.

O nepotismo familiar é conhecido principalmente em áreas profissionais. Verdadeiras dinastias se criaram em certas profissões (como nos caso dos tabelionatos brasileiros até poucos anos atrás). De pai para filho, perpetua-se o acesso às universidades e a diversos cargos.

No entanto, no Brasil o nepotismo pode vir a ser punido, quando se trata de cargos públicos, e está sendo proibido em diversos setores, como forma de se buscar a moralização do trabalho.

Todo grupo social aciona essas estratégias de socialização a fim de transmitir à geração seguinte os poderes e privilégios iguais ou superiores aos próprios, herdados ou constituídos.

Nos Estados Unidos, existem cláusulas especiais que proíbem o recrutamento de membros da própria família dentro de universidades, de certas empresas e de grandes organizações internacionais.

Nosso intuito aqui é expor fatos e não julgá-los. Mas é impossível deixar de observar o quanto a educação diferenciada de meninos e meninas, assim como os hábitos de nepotismo e de homogamia social — práticas ainda presentes na sociedade, no primeiro caso, e nas famílias das classes privilegiadas, no segundo —, dificultam o caminho para uma democracia econômica e social. Essas práticas acentuam a discriminação entre homens e mulheres e entre os homens da classe que detém o poder e os de outros extratos socioeconômicos.

Econômica

Sendo impossível descrever em detalhe as funções específicas relativas aos meios de subsistência de cada tipo de família, escolhemos uma família da pequena burguesia comerciante como exemplo.

Nossa escolha recaiu nesse modelo porque é, sem dúvida, a categoria social que tem sido menos estudada. As famílias de classe média ou alta contam com uma vasta produção bibliográfica, cinematográfica e teatral a seu respeito, tanto na ficção como nas pesquisas sociológicas. Em menor escala, mas ainda de forma significativa, a classe operária é também cada vez mais estudada.

O negócio comercial em pequena escala é ainda, fundamentalmente, propriedade de uma só família, nele trabalhando seus próprios membros. Inclui-se nessa categoria a "biboca" da favela, a "venda" que atende aos operários numa nova área de construção, os armazéns dos bairros residenciais, as lojinhas dos modernos conjuntos habitacionais, a quitanda, o botequim etc.

Esse pequeno comércio exerce um importante papel social, por seu contato com toda a população local, quase cotidiano. Em geral, são os próprios membros da família que tratam com os clientes. Cada um deles exerce um papel diferente no negócio. Numa primeira etapa, os pais trabalham no negócio mais do que consomem. Quando envelhecem, prevê-se que vão consumir mais do que produzirão, já que vão aposentar-se da atividade. Em compensação, os filhos recebem durante seus anos de formação e retribuirão aos pais quando assumirem o negócio.

As filhas, em algumas comunidades e classes, ainda, são destinadas ao casamento, mas ajudam no trabalho doméstico antes disso; por esse motivo, só assumem participação no trabalho assalariado fora de casa quando há insuficiência de filhos homens.

A divisão do trabalho fica evidente: a esposa se especializa na tarefa doméstica e na organização e funcionamento do comércio; o marido e os filhos adultos se dedicam a trazer dinheiro de fontes externas; os filhos menores ajudam; a mãe e as filhas se incorporam à atividade econômica externa somente quando não há lucros suficientes para garantir o funcionamento do negócio. Os pais do casal colaboram com a esposa no trabalho doméstico e no atendimento do comércio.

A divisão sexual do trabalho na família define-se em função de quem são os encarregados de trazer o dinheiro de fora ou de gerar dinheiro pelo trabalho doméstico. Em alguns casos, a última pessoa a trabalhar fora de casa é a esposa, pois seu papel fundamental é o de garantir a continuidade do armazém. Aí permanece durante toda a história familiar, enquanto os outros membros podem participar — ou não — transitoriamente.

O ponto que marcaria o limite da produção das relações pequeno-burguesas na família, isto é, antes que a família inteira se proletarizasse, seria aquele no qual a esposa começa a trabalhar fora de casa. Isso implicaria, segundo os resultados de uma pesquisa realizada há alguns anos, o fracasso do objetivo familiar. Ao contrário, a plena inserção de todos os membros masculinos no negócio e da mulher na atividade exclusiva de dona de casa, representa, subjetivamente, o sucesso do negócio.

A mulher, a mãe de família, poderia ocupar-se do bem-estar dos seus, enquanto marido e filhos teriam um trabalho "por conta própria" e economicamente rentável. A família, portanto, tem entre suas funções a de fixar o status social de seus membros.

Trabalhar só como dona de casa é identificado como uma forma de ascensão social, já que trabalhar em outra atividade é prova de pobreza e, nesse caso, da incapacidade do homem em gerar recursos satisfatórios. Quanto mais a mulher se afasta fisicamente do âmbito doméstico, menos valorizado ele se sente, e ela, por extensão (a esposa).

Na hipótese do comércio, a atividade na loja da qual o casal é proprietário é o mal menor do ponto de vista da esposa, pois a sua proximidade física lhe garante não ter de abandonar seu "papel natural" sexual e específico de dona de casa.

No entanto, é preciso não esquecer que a tarefa de cuidar do negócio implica um grande esforço sem nenhum incentivo, pois não há uma "remuneração pessoal" pelo trabalho, como existe em qualquer atividade exercida fora da família.

Essa alienação tem como elemento central a concepção de que a esposa já cumpre seu próprio trabalho e, assim, a família não considera que trabalhar seja uma autorrealização, mas somente um benefício para a própria família.

O trabalho no comércio familiar é, para a esposa, uma prolongação do seu tempo de trabalho doméstico não remunerado, expresso na inexistência de um salário ou retribuição monetária direta. Os pagamentos recebidos são automaticamente transferidos ou cedidos à família, no caso do trabalho no negócio familiar. Essa transferência não é mediatizada por um ato de apropriação prévia, o que a transforma num fato invisível.

Diz uma dona de casa que trabalha num botequim: "Sempre estive encarregada da venda, mas ela está em nome de meu marido, ele é que é o proprietário. Às vezes 'roubo' um dinheiro do caixa para comprar alguma coisa extra".

Em qualquer grupo socioeconômico, existe a responsabilidade moral da família de inserção profissional das novas gerações. A propriedade de uma pequena ou média empresa é hoje uma exceção, mas a ajuda para obter um emprego assalariado atravessa todas as classes sociais: desde o operário que recomenda o filho na fábrica ou a baiana que "passa" seu ponto de venda de acarajé para a filha ou afilhada, ao presidente da multinacional que indica o filho recém-diplomado para uma firma similar à sua.

Na classe média, essa ajuda supera muitas vezes o valor da herança transmissível por morte dos pais. Na época áurea dos países socialistas, onde foi abolida a propriedade privada dos meios de produção e, portanto, a herança, o acesso a empregos por parte dos familiares era uma prática difícil de ser contornada. Além do mais, em várias sociedades, os seguros sociais, de aposentadoria e saúde, não suprem, em lugar algum, as necessidades reais. O recurso à assistência familiar econômica persiste.

Em geral, essa responsabilidade recai sobre as mulheres, que abrem mão de alguma atividade rentável para substituir, junto ao parente necessitado, os serviços de enfermagem carentes na sociedade.

HISTÓRIA DA FAMÍLIA

Podemos facilmente encontrar a história da palavra FAMÍLIA. Já não podemos dizer o mesmo da história da instituição familiar.

O termo FAMÍLIA origina-se do latim *famulus*, que significa: conjunto de servos e dependentes de um chefe ou senhor. Entre os chamados linha dependentes, inclui-se a esposa e os filhos. Assim, a família greco-romana compunha-se de um patriarca e seus fâmulos: esposa, filhos, servos livres e escravos.

A respeito da instituição familiar, só podemos reiterar que de modo universal há uma afirmação crescente da família nuclear. Mesmo nos países onde até hoje vigora a tradicional família extensa, monogâmica ou poligâmica, o número de famílias nucleares é cada vez maior, notando-se essa transformação principalmente nos grandes centros urbanos em evolução na Índia, China e África.

Cada uma das atuais formas de família viveu histórias ou conjunturas sociais bem diversas. Muitas emigraram do campo para as cidades, em busca de novas perspectivas de trabalho, de vida, por razões sociais, políticas, deixando atrás de si várias gerações em esquemas familiares bem diversos daqueles que têm possibilidades de vivenciar em seu novo meio.

O desenvolvimento industrial contribuiu em grande parte para precipitar esse processo migratório e de atomização das famílias tradicionais. No entanto, ele não pode ser apontado como causa única das mudanças que se operam nessa instituição.

Teorias sobre a família

De uns quarenta anos para cá, o interesse pelo estudo da FAMÍLIA tem crescido em todos os setores do conhecimento. Cada ramo científico aborda-o por outro ângulo. Assim, os economistas preocupam-se, entre outros, com o consumo doméstico; os etnólogos, descrevem as estruturas de parentesco; os juristas, analisam as leis relativas à família e à luz de uma nova realidade social; os sociólogos, pesquisam o seu funcionamento contemporâneo; os psicólogos, os efeitos sobre os indivíduos das relações inter e intrafamiliares; os demógrafos, interpretam o crescimento ou a queda de natalidade; os antropólogos, interessam-se pelos sistemas familiares em diversas culturas e assim por diante.

Esses estudos que decompõem a família em seus diversos aspectos não respondem, no entanto, a uma curiosidade mais ampla. Permanece a tentativa, que vem do século XIX, de elaborar um estudo que compreenda a família como um todo — tratando-a por meio de grandes teorias —, como foi feito por alguns autores, sendo Engels o mais conhecido e divulgado, com seu clássico trabalho a esse respeito.

Para esse estudioso, a instituição do casamento e da família faz parte da sociedade vista como um organismo total. Engels analisa a instituição familiar nas diferentes regiões do mundo, e as mudanças que as afetaram no decorrer dos séculos. Interessa-se também pela interação entre a família e as outras instituições sociais e culturais, como o significado da monogamia, as relações entre homens e mulheres, o modo de produção, a propriedade dos bens de produção etc.

O matriarcado teria existido antes do patriarcado?

Antes de qualquer coisa, esclareceremos esse título. Denomina-se família matrilinear aquela que identifica o indivíduo somente pela sua origem materna. Existem sistemas patriarcais nos quais o nome dos filhos segue a linha materna (matrilinear), mas o pai é identificado e mantém estreitos laços culturais de todo tipo com os filhos.

Patriarcal é aquela estrutura familiar que não somente identifica o indivíduo pela origem paterna (patrilinear), mas ainda dá ao homem o direito prioritário sobre o filho e o poder sobre a pessoa de sua esposa. Em verdade, malgrado desconhecermos detalhes sobre os sistemas matriarcais existentes em eras remotas, sabemos que os resquícios dessas culturas subsistem ainda em certas sociedades patriarcais (os israelitas atribuem mais valor à linhagem materna, e alguns grupos sociais africanos dão prioridade às mulheres em certas decisões etc.).

Encontram-se na História também indicações de violentos choques entre as duas concepções: patriarcado e matriarcado (por exemplo, as Amazonas na Europa central; Wlasta, rainha na Boêmia no século VIII etc.).

As religiões monoteístas (todas elas identificadas com o sistema patriarcal) impuseram-se pela força, por sangrenta repressão a costumes tradicionais vigentes, dizimando povos que cultuavam deusas, crenças politeístas, e seguiam costumes matriarcais, tais como a não atribuição da paternidade institucional a cada criança nascida.

Não se pode, no entanto, opor um sistema ao outro como simétrico.

No matriarcado havia o culto ao poder reprodutivo feminino, por parte de homens e mulheres, que nele viam um sinal de fertilidade da natureza, o leite de sua subsistência. No patriarcado, há uma apropriação do corpo feminino pelo poder masculino. Um homem pode impor à mulher um grande número de gravidezes a fim de gerar mão de obra abundante em seu próprio benefício. O inverso não é factível.

Engels descreve essa passagem de um matriarcado para o patriarcado atribuindo-a a novas formas e modos de produção, decorrentes de inovações tecnológicas. Segundo ele, esse momento situa-se na Pré-História, na Era Neolítica, caracterizada pela invenção da agricultura e da criação de animais. Nessa fase, a humanidade, em vez de apropriar-se das plantas selvagens e da caça de animais, começa a plantar em certas áreas e a criar animais junto a seu local de residência.

No entanto, a agricultura era limitada a pequenos lotes de terra, que eram monopólio das mulheres. Os homens continuavam nas atividades de caça e pesca como no passado.

A contribuição das mulheres para essas invenções foi imensa, pois recolhiam filhotes recém-nascidos e davam-lhes o próprio seio e, assim, domesticavam os animais.

Em sua tarefa de colheita, observavam como germinavam as sementes e se reproduziam as raízes dos vegetais. Pouco a pouco, selecionaram as plantas mais apropriadas ao cultivo. Ao mesmo tempo, esse cultivo de cereais exigia, para preparo e conservação de alimentos, o uso de recipientes capazes de resistir ao calor do fogo e de guardar líquidos em grandes quantidades. As mulheres inventaram, para isso, a cerâmica.

Nesse mesmo período surgiu ainda a arte da tecelagem, igualmente exercida pelas mulheres. Todas essas técnicas exigiram um extraordinário acúmulo de experiências, de deduções, de troca de informações. As mulheres, dominando o conhecimento dessas novas técnicas, tinham também que transmiti-las às mais jovens.

A menina ajudava a mãe a modelar o barro, observava os detalhes, imitava-a e recebia dela orientação. Um verdadeiro sistema de aprendizagem preside assim desde os tempos neolíticos a transmissão das artes e ofícios. As mulheres exerciam o controle das principais técnicas de sobrevivência, nos primórdios do neolítico e, por isso, detinham um grande poder. Daí o sistema matrilinear da estrutura familiar.

Durante milhares de anos a Deusa Mãe fora o único objeto de veneração. Na passagem ao sistema patriarcal, começaram a surgir representações masculinas em estatuetas e o símbolo masculino: o falo é modelado em barro e gravado na pedra. Segundo Engels, esses símbolos implicam o reconhecimento do papel masculino na procriação, no surgimento de divindades masculinas, e também o enfraquecimento progressivo das bases ideológicas do matriarcado, num período em que o arado conduzido pelo homem substitui a enxada, manejada pela mulher, e destrói os fundamentos econômicos do matriarcado. No início da humanidade, o comunismo primitivo — sinônimo de ausência da propriedade privada — constituía um estado social no qual inúmeros casais coexistiam com seus filhos no seio de um lar "comunitário". Esse lar, cuja direção era garantida pelas mulheres, constituía também uma atividade pública de produção, socialmente necessária (em consequência das atividades exercidas pelas mulheres: tecelagem, cerâmica etc.), assim como o abastecimento de víveres buscados pelos homens com a caça e a pesca.

Foi com a família patriarcal (ou individual, composta em torno de um só indivíduo), contemporânea do desenvolvimento da propriedade privada, que a chefia do lar perdeu seu caráter público e se transformou em prestação, pela mulher, de serviços privados para um homem. A mulher tornou-se sua primeira servente, afastada da participação da produção social, ainda segundo Engels.

Logo, a família individual moderna fundamenta-se na escravidão doméstica confessa ou dissimulada da mulher. O homem de nossos dias deve, na grande maioria dos casos, ganhar o suficiente para alimentar sua família, pelo menos nas classes de maior poder aquisitivo. Isto lhe dá uma posição de supremacia moral e econômica em relação à esposa.

O rígido evolucionismo de Engels está ultrapassado, mas sem dúvida ainda hoje persiste a interdependência de certas legislações familiares com o modo de transmissão da propriedade privada aos seus descendentes. No Brasil, observa-se que filhos ilegítimos eram excluídos da herança de seus pais, assim como um dos argumentos para recusar uma lei de divórcio era a proteção aos "bens de família", que não deviam ser divididos.

Grande parte dessas teorias de Engels teve de ser deixada de lado diante de estudos mais recentes. Entre outras de suas afirmações, suas ideias sobre a "promiscuidade primitiva", que assim se refere a uma época em que o pai não era identificado institucionalmente.

Hoje se verifica que essa é uma opção alternativa de vida, sem caráter negativo em si. Também faz a associação da "propriedade privada" com a "opressão das mulheres", o que não corresponde à realidade. Constatou-se que, em grupos nos quais reinava o sistema do "comunismo primitivo" em relação a bens e valores, já se encontrava uma divisão de tarefas entre os sexos, privilegiando os homens em detrimento das mulheres.

Essa visão histórica/evolucionista marcou profundamente a reflexão mundial sobre a família, em particular quando se referia às mulheres e às crianças. Fala-se na atual "liberdade" das mulheres, quando estas já viveram em outros tempos com maior autonomia.

As crianças também passaram por épocas em que eram propriedade exclusiva de seu pai. Este podia vendê-las, escravizá-las, tendo direito de vida e morte sobre elas. Lembremo-nos da Bíblia, onde Abraão, obedecendo às ordens de Deus, oferece-lhe o sacrifício de seu filho Isaac. Em épocas anteriores, no entanto, as crianças tinham usufruído de status mais liberal.

Entre o passado próximo e o presente

Quantas vezes não ouvimos referências à "crise" por que estaria passando a família em nossos dias? No entanto, se olharmos a evolução histórica dessa instituição, constataremos que grande número de comportamentos vistos como exceções se tornou regra, e vice-versa. Regras rigorosas passaram a ser vistas como exceções.

Não há transformação numa só direção. Conforme os interesses socioeconômicos de uma sociedade ou o destaque que ela dá a certos valores, as estruturas familiares vão se modificando. Fala-se muito em "crise" da família, mas esquecemos que toda e qualquer mudança ou estado de evolução permanente de qualquer fenômeno social implica transformação constante. Isso leva a diminuir o significado do passado, e passamos então a observar tudo, a analisar e a julgar exclusivamente sob a visão e compreensão atual ou contemporânea.

Outra deformação frequente consiste na atitude oposta, ou seja, numa fuga para o passado que nos aparece como fixo e evidente, pois certos acontecimentos e situações já foram resolvidos, bem ou mal. Quanto ao presente, este nos parece incompreensível, e nos inquieta. Já o passado, estável, parece como de compreensão evidente.

Com frequência ele até nos seduz por sua simplicidade, despertando saudosismos com desejos ou esperanças de voltar no tempo. No entanto, na maioria das vezes, esse passado não foi aquele vivido em nossas próprias famílias, e sim aquele que idealizamos por meio da literatura, das lendas, da história e das lembranças alheias.

Essa "crise" seria o resultado apenas das transformações industriais? Sem dúvida alguma há certa convergência entre as formas familiares e as diversas zonas geográficas e culturais.

Isso se evidencia com clareza no caso dos novos países que se constituem tornando-se independentes de suas antigas metrópoles, como na Ásia e na África. Anteriormente dominados por colonizadores que haviam imposto seu próprio sistema familiar, independente dos costumes ali encontrados, revoltam-se agora e tentam reviver, num nacionalismo alienado da nova realidade mundial, formas antigas de família. Assim, por exemplo, na Argélia. Quando conquistaram aos franceses sua independência (1962), os argelianos quiseram retornar a antigas tradições em relação às mulheres, que há muito haviam adotado os costumes ocidentais de seus colonizadores. Isso gerou inúmeros conflitos familiares, e o número de suicídios e de fugas entre as jovens aumentou de forma alarmante.

A pressão das religiões foi a estratégia utilizada para impor uma nova e "verdadeira moral familiar", de que ela seria a portadora. Assim, os missionários católicos impuseram, drasticamente muitas vezes, o fim da poligamia e do infanticídio, a exigência da virgindade, o uso de roupas a fim de esconder as partes sexuais do corpo etc.

Essas são somente algumas entre as inúmeras ilustrações possíveis da multiplicidade de influências recíprocas e complexas que há no tocante à família. Estas, por sua vez, se exercem em sentido contrário, ou seja, sobre as outras instituições e sobre a sociedade em geral. Assim, a chamada "crise" da família está sempre inscrita num contexto amplo de transformações sociais. Poderíamos distinguir de modo geral duas formas de crises familiares resultantes de duas etapas diversas da evolução social na história recente:

a) A primeira estaria ligada à Revolução Industrial, que transformou profundamente, no século XVIII, alguns países, e afeta ainda hoje outros que estão em vias de realizar a mesma revolução.

b) A segunda concerne aos países que atingiram atualmente um alto estágio de desenvolvimento técnico e econômico. O Brasil, por exemplo, seria um país entre essas duas situações extremas (conforme a região analisada).

A Revolução Industrial gerou uma série de mudanças, em particular de ordem técnica e econômica, que transformou profundamente a vida social.

Já foi afirmado, e sem exagero, que o grande impulso científico que marcou o fim do século XVIII e o conjunto do século XIX na história da humanidade não teve precedentes. Não foram tão-somente as condições materiais da existência que se transformaram, mas, por extensão, o conjunto de conceitos filosóficos, ideológicos, étnicos e políticos.

A Revolução foi de tal importância que os valores culturais mais enraizados, aqueles que durante séculos cimentaram o comportamento dos indivíduos, foram profundamente abalados e questionados diante da pressão do que se pode chamar "o mundo moderno".

A família tradicional

A família, a instituição mais "sólida" desde os princípios da era cristã, reforçada em sua antiga forma patriarcal pelas religiões ocidentais, conheceu desde então grandes transformações que até hoje não conquistaram unanimidade similar à daquele tipo de sociedade repressiva e autoritária de então (séculos XVIII e XIX).

Hoje essas mudanças atingem os países em desenvolvimento e mesmo as populações que vivem totalmente à margem da "civilização" branca e ocidental.

É preciso não esquecermos que as revoluções técnicas da produção não se deram de uma hora para outra nem simultaneamente. Em uma grande família, um filho podia emigrar para a cidade com sua mulher, enquanto seus parentes mantinham as rígidas tradições patriarcais em suas terras de origem.

A maioria das sociedades pré-industriais baseia-se numa economia essencialmente agrícola e comercial. Sua população, caracterizada por alto índice de natalidade e de mortalidade, varia pouco, assim como suas estruturas sociais se mantêm estáveis e pouco complexas.

O tipo familiar dominante encontrado nessas sociedades foi chamado tradicional, extenso, patriarcal e doméstico, entre outras denominações menos difundidas.

Nas classes sociais abastadas, encontrava-se esse grupo vivendo numa só grande residência, numa propriedade extensa. Nas outras classes, os membros de um mesmo grupo familiar ocupavam, na maioria das vezes, casas contíguas, reunindo-se com frequência e participando de atividades em comum.

Esse tipo de família era capaz de assumir, tanto em relação aos seus próprios membros como em relação à sociedade, uma grande diversidade de funções. Seu papel também era preponderante do ponto de vista da reprodução e da educação, assim como da religião e da política.

Quanto ao fator econômico, ocupava um lugar determinante pelo fato de transmitir no interior do próprio grupo uma verdadeira divisão de trabalho que beneficiava o patrimônio comum. Essa estrutura extensa era, aliás, condição *sine qua non* para a criação e transmissão de bens, títulos e direitos, o que permitia manter e reforçar os laços internos.

O papel protetor do grupo em relação aos seus membros é salientado com frequência, sendo de relevante importância nos casos de velhice, quando há a necessidade da manutenção dos laços com o passado, perpetuando tradições indispensáveis à memória histórica do grupo.

As uniões matrimoniais eram decididas pelas respectivas famílias, segundo suas conveniências. Numa sociedade muito estruturada e limitada a um número restrito de camadas sociais, a propriedade privada e a posição nos grupos familiares dependiam em grande medida dos laços matrimoniais contratados.

Muitas vezes, os cônjuges vinham a se conhecer somente no dia do casamento. A paixão amorosa arriscaria ligações pouco desejadas pelo grupo familiar, pondo em risco o princípio da fidelidade, e os interesses pessoais poderiam ultrapassar os interesses do grupo.

A castidade da esposa era escrupulosamente protegida a fim de garantir herdeiros legítimos ao marido.

Além da virgindade da esposa, tinha-se que levar em conta sua condição familiar e a educação recebida que deveria prepará-la adequadamente para seus papéis de esposa e mãe.

A hierarquia familiar era extremamente rígida, apoiando-se nas diferenças mais elementares: biológicas, de sexo, de idade e de geração. As mulheres subordinavam-se aos homens, assim como os jovens aos mais idosos; o homem mais velho era, portanto, o personagem que detinha as mais altas dignidades (status) e a maior autoridade sobre o resto da família da qual ele era o patriarca.

Essa família-padrão tinha um papel socioeconômico essencial na sociedade pré-industrial. O prestígio social dos indivíduos decorria ao mesmo tempo de sua origem na sociedade e de sua posição no interior da família. Suas perspectivas de ação e promoção dependiam fundamentalmente de seu nascimento, sua origem.

Em algumas sociedades menos complexas, com menor número de formas institucionais, a família era, às vezes, a única ou a principal organização intermediária entre o indivíduo e a instituição política mais alta. A tradição e os costumes impunham ao indivíduo dedicação à sua família e ao clã.

O grupo familiar de tipo patriarcal retinha o indivíduo ao longo de toda sua vida e intervinha na quase totalidade de suas atividades educativas, profissionais etc.

Numa sociedade pré-industrial, é inconcebível dissociar família e religião. Tanto no plano social como no individual, tudo o que toca à vida orgânica da família conta com o apoio e é controlado pela religião. Em troca, a instituição religiosa é sustentada pela família, que lhe fornece apoio insubstituível, colaborando de forma primordial à transmissão das crenças, ao cumprimento das práticas religiosas, à aceitação das punições impostas.

Dessa forma, a Igreja, que é tanto ou mais tradicionalista que a família, sacraliza as principais manifestações da vida familiar, como o nascimento, o casamento, a morte etc., e condena (punindo conforme o caso) a interrupção da gravidez, o divórcio, o exercício da sexualidade livre etc. Toda infração às normas é sancionada. Os deuses, com frequência, apresentam um modelo eterno e supremo de família extensa e patriarcal.

Aparência e realidade

Descrevemos, acima, as características gerais da família tradicional e patriarcal. Vários autores, porém, têm dúvidas sobre a exatidão dessa apresentação esquematizante. Podemos encontrar na literatura de épocas passadas, personagens e situações que divergem desse esquema apresentado, e também filósofos e pensadores que denunciaram conflitos na vida familiar de outrora.

Será que de fato tudo se passava assim da forma descrita nas famílias tradicionais antigas? Não estaríamos diante de uma série de deformações originadas de uma informação fragmentada a respeito de épocas mais ou menos remotas?

É preciso também notar que essas descrições se referem a certas camadas sociais privilegiadas economicamente.

Tendo sido pouco registrada a vida das camadas populares, isso induz o historiador e seus leitores a erros muito frequentes de interpretação da História. Assim, a informação sociológica segura e universal pode referir-se somente a algumas pessoas, famílias ou setores privilegiados, e não às classes sociais mais amplas.

Análises desse tipo induzem a erros mesmo se coincidentes com o modelo cultural adotado pela classe dominante.

Já afirmamos anteriormente que nas sociedades antigas, baseadas num sistema patriarcal, algumas famílias, aquelas que detinham o poder econômico, podiam corresponder ao modelo ideal de família, modelo esse propagado pelo grupo economicamente dominante. As outras se organizavam em células conjugais e/ou nucleares.

Para uma família patriarcal extensa subsistir era necessário que possuísse um patrimônio. E este não era o caso da grande maioria da população, em sociedades nas quais as desigualdades sociais eram flagrantes e nas quais a maioria das pessoas só podia contar com sua força de trabalho para garantir a própria sobrevivência.

Seria ainda preciso desmistificar a ideia de que as formas familiares do passado teriam sido estáticas. Ao contrário, elas evoluíram juntamente com os movimentos sociais.

Seria preciso, para traçar as mudanças históricas da família, conhecer a história de cada modelo familiar. Assim, por exemplo, tomar uma sociedade no século X, verificar qual o modelo familiar preconizado pelo grupo social dominante naquela época e acompanhar ao longo dos séculos seguintes, quais as mudanças constatadas naquele modelo particular. Resumindo, diríamos que não se pode falar em HISTÓRIA DA FAMÍLIA, mas sim em HISTÓRIA DE CADA GRUPO FAMILIAR.

A FAMÍLIA BRASILEIRA CONTEMPORÂNEA IV

Como já dissemos, talvez pela primeira vez na História mundial, o mesmo conjunto de influências — as forças sociais da industrialização e da urbanização — esteja afetando todas as sociedades conhecidas.

Essa transformação se dá em ritmos diversos, com avanços e recuos, mas sempre num só sentido, ou seja, a caminho da generalização do tipo de família nuclear.

Igual fenômeno também pode ser observado no Brasil. Há certa nostalgia com relação a imagens clássicas da família burguesa, a qual em realidade foi numericamente pouco expressiva. Essas imagens refletem mais um modelo idealizado e trazido pelos imigrantes dos diversos países europeus em passado mais ou menos recente, do que um modelo surgido aqui mesmo em nosso país.

Com os portugueses, vieram para o Brasil suas normas jurídicas, costumes e tradições relativos à sua vida familiar. Doutra parte, as populações indígenas mantiveram suas próprias tradições, que os missionários da época tentavam converter para hábitos cristãos. Por outro lado, havia a população africana importada como escrava. Esta foi brutalmente impedida de manter suas próprias tradições, e em relação às famílias naturais (mães e filhos) as decisões variavam conforme o proprietário da mãe-escrava. As normas gerais em vigor modificaram-se ao longo dos tempos. A Lei do Ventre Livre foi o primeiro passo no sentido do reconhecimento do direito da mãe negra ao seu filho, que não mais poderia ser negociado.

Referimo-nos, portanto, aqui ao grupo da população brasileira mais amplo, resultante dessa miscigenação entre imigrantes europeus brancos (portugueses, em princípio, holandeses no Nordeste, a partir do século XIX os italianos, alemães, orientais, estrangeiros de diversos países do Oriente Médio etc.), indígenas "civilizados", isto é, aqueles que se incorporam às zonas urbanas, e negros libertos.

Sem dúvida, formaram-se alguns núcleos que reforçam ainda hoje suas tradições de origem (japoneses, sírio-libaneses, por exemplo), mas devem submeter-se à nossa Constituição e ao nosso direito em todas as suas jurisdições.

Apesar de toda essa variedade de origens, pode-se afirmar que existe um consenso em torno a certos modelos familiares. Assim, descrevem-se "aqueles tempos" em que existiria um patriarca, o chefe da família em todos os sentidos, exercendo autoridade moral e econômica sobre a mulher, os filhos e empregados.

Havia uma divisão de tarefas rigidamente estabelecida entre os múltiplos membros da família, divisão essa que não deixava margem a dúvidas nem conflitos, pois também eram bem delimitados os direitos e deveres de cada membro da família para com todos os outros.

Essa família-modelo tinha diversas funções: fonte de estabilidade econômica, base religiosa, moral, educacional e profissional.

Os jovens eram educados para respeitar a fidelidade no casamento, e as moças deviam manter-se virgens até essa data.

Uma vez casados, os filhos moravam o mais próximo possível dos pais com os quais trabalhavam, herdando, posteriormente, as terras, o negócio comercial etc. O divórcio, a separação era impensável, pois o ideal do casamento era "unidos até que a morte os separe", fórmula de origem católica.

As pessoas menos saudosistas, as "progressistas", veem no presente um avanço, e não uma regressão diante desse passado acima descrito. Com frequência reconhecem também a existência desse estereótipo, mas descrevem o passado com uma conotação emocional diversa.

Dizem que progredimos, pois passamos do poder arbitrário dos mais velhos, para uma liberdade maior para os jovens; de casamentos convencionais resultantes de interesses, de alianças, para uniões baseadas numa escolha afetiva; de barreiras de classe e raça, para um sistema mais aberto de relacionamento interpessoal; da submissão das mulheres, a uma relação de maior companheirismo na busca de uma relação mais igualitária; da repressão das emoções das crianças, para a compreensão dos impulsos infantis.

O mito da "grande família unida e de sólidos princípios", de antigamente, é, como a maioria dos estereótipos, fruto de valores idealistas. Quando nos aprofundamos no conhecimento da história social do país, verificamos que houve um número mínimo desses exemplos de família "tradicional".

Poucas são as famílias que se mantiveram reunidas por muitas gerações ou englobaram um parentesco extenso de múltiplos graus. A maioria das casas era pequena. Se hoje em dia vemos ainda um certo número de casas antigas muito grandes, é porque essas casas foram provavelmente mais bem construídas, resistindo assim ao tempo.

É verdade que o divórcio não existia, mas não temos nenhuma prova de que a união dos casais era perene, senão pelas aparências que mantinham. Na geração de nossos avós, eles já se referiam por sua vez a uma época anterior à deles onde a vida familiar teria sido ainda melhor e os indivíduos mais responsáveis.

A realidade familiar no Brasil

Não varia muito de uma camada social para outra o ideal referente à família, aos laços que aí são valorizados (amor entre o casal, compreensão e amizade entre pais e filhos), ao comportamento esperado entre seus membros (responsabilidade econômica do marido, infraestrutura doméstica e afetiva pela mulher, obediência às diretivas paternas) e à expectativa dos papéis sociais que deverão ser cumpridos por cada um.

Há, porém, diferenças concretas entre as famílias de diversas classes sociais. Por exemplo: a premência econômica impele as classes baixas a uma grande mobilidade geográfica. Também entre as novas gerações, a migração elevada é uma característica de maior parte do nosso país, entre o interior e as capitais. O jovem (a moça) deixa seus pais e vai estudar numa cidade maior. Isso aumenta a importância dos laços decorrentes de uma mesma origem geográfica, reforçados ainda por relações de parentesco, mesmo distantes.

Os laços de solidariedade, a expectativa de apoio recíproco, os sistemas de obrigação e de lealdade ligam em grandes blocos os indivíduos de uma mesma região ou estado. Não são os descendentes da mesma família que ocupam todo um conjunto habitacional, mas os grupos de moradores na maior parte das vezes de mesma classe social que aí se sucedem.

Entre o proletariado, encontramos muitas famílias nucleares em que o casal não é unido por laços legais, assim como encontramos também um grande número de famílias chefiadas por mulheres, não somente em virtude da ausência do marido (mães solteiras, separação, viuvez), mas também porque é cada vez mais frequente que a mulher trabalhe e assuma as responsabilidades materiais do lar e da família.

Na classe média, a família tende a ser nuclear e, ainda, mergulhada numa vasta rede de parentesco.

Na classe alta, a família se mantém ainda numa forma mais "extensa" que nas outras. É patriarca quem detém o controle dos meios de produção, do patrimônio e da renda familiar e sua autoridade é predominante e, na maioria das vezes, indiscutível.

No entanto, em todas as classes, segue-se, ainda que de modo relativo, os padrões patriarcais da família de classe alta.

O chamado complexo de virgindade-virilidade marca as posições diferentes da mulher e do homem na organização familiar: ao homem são permitidas e valorizadas as aventuras e a infidelidade conjugal; já a mulher (tanto antes quanto depois do casamento), deve manter uma atitude de recato e pudor. Isso significa um duplo padrão de comportamento. A valorização e o significado desse padrão implicam a existência de uma subordinação específica da mulher em relação ao homem que é reforçada pela cultura patriarcal.

Os parentes têm a função de preservar as relações primárias, tornando-as assim um valor cultural fundamental para o indivíduo, o que garante seu entrosamento social em moldes tradicionais.

Pode-se dizer que vivemos ainda numa sociedade de primos e não numa sociedade de cidadãos, isto é, obtemos ainda maiores vantagens por meio dos parentes do que da sociedade. As alianças, as lealdades, criam-se e são desenvolvidas entre parentes consanguíneos, ou por afinidade e escolha (compadrio) ou união.

O parentesco compõe-se tanto dos descendentes de linha materna como paterna. O aumento da importância dos parentes corresponde a uma diminuição do poder patriarcal. Um jovem pode encontrar no "tio que emigrou para a cidade grande" a orientação, o apoio que só seu pai lhe daria noutros tempos. Sem, com isso, infringir regras de lealdade familiares.

A presença da mulher no perfil atual da família brasileira

A presença feminina na esfera do trabalho é cada vez mais frequente, e esse fato está mudando o perfil familiar brasileiro, pois reflete, inclusive, em quem assume atualmente o papel de chefe de família.

Segundo dados do IBGE de 2000, mais de 24% dos domicílios brasileiros eram chefiados por mulheres e, embora esse seja um perfil que atinja todo o país, essa característica era mais presente no Nordeste.

Trata-se de um fenômeno tipicamente urbano, que atinge famílias monoparentais. As chefes de família são, em sua maioria, mulheres mais jovens, separadas, negras, de classes mais baixas e com baixo grau de escolaridade. A miséria, a necessidade de colaborar com o parceiro para a manutenção da casa ou de manter a subsistência de sua família, quando se encontram sozinhas, fazem com que as mulheres deixem os afazeres de casa em busca de empregos ou subempregos no mercado formal ou informal — muitas vezes o mais procurado, em razão da falta de especialização e escolaridade.

A questão que se levanta é até que ponto essa mudança no perfil da família colaborou com a emancipação da mulher. Será que a mulher só foi em busca de um lugar no status familiar por necessidades contingenciais? Se pegarmos a História recente, veremos que, em certa medida, ambas as coisas caminharam paralelamente.

A mulher já há tempos buscava um lugar melhor na sociedade. Por sua vez, as necessidades econômicas e sociais abriram as portas para que as mulheres pudessem finalmente libertar-se de algumas amarras, rodeadas de preconceitos, a fim de buscar seu lugar ao sol.

Aos poucos, as mulheres, de todas as camadas sociais, começaram a buscar uma melhor colocação na sociedade e no núcleo familiar. Mesmo em classes menos abastadas, cada vez mais, a mulher estuda, se especializa.

Cargos e profissões antes essencialmente masculinos estão cada vez mais sendo ocupados por mulheres. Embora essa situação apresente melhoras significativas, ainda há várias batalhas a serem percorridas como os salários, que continuam desiguais e o preconceito enraizado na própria sociedade, onde muitos homens ainda se recusam a partilhar os afazeres domésticos com suas parceiras, sobrecarregando-as em demasia.

Normas do Direito Civil Brasileiro relativas à família

O Código Civil é a principal lei brasileira que rege a instituição familiar no país, ditando regras sobre o matrimônio, filiação, parentesco, entre outros. Há também outras legislações ordinárias, que surgem conforme a necessidade de se adaptar a instituição familiar ao contexto histórico e social presente.

Isso não garante que as leis sejam um espelho da realidade. Como se disse acima, as normas do Direito, particularmente no caso daquelas que atingem a família, vão se ajustando à medida que os costumes se modificam.

Com o intuito de proteger a família, a Constituição Federal de 1988 criou uma série de figuras jurídicas, o que equiparou algumas situações existentes às civilmente previstas, como no caso da união estável, em que a mera convivência já garante direitos e deveres entre companheiros, e à equiparação dos filhos adotados aos legítimos para fins de direitos de herança, por exemplo.

O Código Civil de 2002 veio a consagrar o que já estabelecido constitucionalmente e, com o intuito de proteger ainda mais a família, criou outras figuras jurídicas com o fim de facilitar a equiparação de quem meramente convivia sob o mesmo teto ao cônjuge, criando uma série de proteções antes nem imaginadas.

E o legislador brasileiro vem tentando acompanhar as rápidas modificações por que a sociedade tem passado, assim como tem procurado facilitar a vida dos cidadãos, na medida do possível. Esse é o caso, por exemplo, da Lei 11.441/2007, que prevê a possibilidade de separação extrajudicial, ou seja, diretamente no Cartório sem que se passe pelo Judiciário, desde que não haja menores envolvidos e de que a separação seja consensual.

Esse não é ainda o ideal, pois contempla somente alguns casos, mas é um passo para que se comece a pensar em soluções mais adequadas para as antigas "dores de cabeça" causadas pela legislação relativa à família.

Se por um lado "caminha-se para frente", por outro ainda encontramos os resquícios do passado a brigar com o futuro. Por exemplo, ainda existem casos em que a gravidez em menores advindas de relações sexuais incestuosas, muitas vezes mediante estupro, é abafada pelo próprio núcleo familiar, quando a avó do recém-nascido "adota-o" como seu próprio filho a fim de manter a "aparência" de um lar bem-estruturado. E isso, a despeito da promulgação, em 1990, do Estatuto da Criança e do Adolescente, que prevê o direito de crianças e adolescentes à família e à sua dignidade.

Além disso, as mulheres, ainda hoje, deixam de recorrer à Justiça quando brutalizadas pelos maridos, por medo ou para resguardar a imagem da família. Isso mesmo depois de 1985, quando foram criadas as primeiras Delegacias da Mulher e de 2006, quando foi promulgada a Lei 11.340, mais conhecida por Lei Maria da Penha, que protege as mulheres vítimas de violência doméstica.

Apesar de avanços e retrocessos, o certo é que o legislador, depois de 1988, tem buscado acompanhar as mudanças sociais com mais cuidado do que antes de promulgada nossa Constituição. E isso, bem ou mal, é um grande avanço.

A família indígena brasileira

Como já dissemos, existem no Brasil vários tipos de famílias cujas normas não são reguladas pelo nosso sistema jurídico. São as famílias indígenas. Elas coexistem conosco e fazem parte da realidade nacional, mas são somente codificadas por usos e costumes que variam de um grupo indígena para outro e que também evoluem em suas formas no decorrer dos tempos.

Essas famílias também seguem normas e regras precisas que estabelecem suas prioridades, princípios e funções, incluindo punições aos infratores.

Com a Constituição de 1988, o indígena brasileiro passou a ter sua cultura protegida. Portanto, seu usos e costumes relacionados à família estão protegidos e devem ser respeitados.

Os contatos com as diversas culturas brasileiras refletem-se a cada passo em seus costumes. Também entre os indígenas, os jovens são acusados pelos mais idosos por não respeitarem as tradições de seus pais. Obedecem menos, usufruem de maior liberdade, desrespeitam a moral sexual tradicional etc.

A nosso ver, uma das razões do interesse da análise do sistema de famílias indígenas reside na observação de como evoluem suas estruturas e em quais direções, bem como nas possibilidades ou não de uma integração aos usos e costumes da população branca.

Existem no país inúmeras populações indígenas, com uma grande diversificação em suas estruturas sociais e econômicas.

Podemos ainda acrescentar que se tem verificado entre diversos grupos indígenas uma gradual transformação de seus sistemas em famílias nucleares. Isso se dá cada vez com mais frequência quando o indígena é atraído por atividades não usuais a eles que surgem em sua área, como o garimpo, por exemplo. Pouco a pouco o indígena vem buscar mulher e filhos para viver somente com ele numa casa individualizada perto do seu local de trabalho, afastando-se, assim, de sua aldeia e criando novos hábitos de consumo. Modificam-se, em consequência, padrões familiares. O pai passa a ser a única fonte de subsistência e, uma vez modificados seus costumes tribais, o retorno será cada vez mais difícil, aumentando o número dos que se instalam na periferia das cidades dos "brancos".

A família negra brasileira no século XX

A família negra brasileira contemporânea não apresenta características específicas que a distingam das famílias brancas, segundo os diferentes extratos sociais.

Entretanto, em passado não muito remoto e, sobretudo, nos núcleos negros rurais e litorâneos, destacava-se, e encontramos ainda, a família matrifocal extensa.

Essa família, segundo alguns autores, seria a sobrevivência da família afrodescendente que se caracterizaria pela troca objetiva entre as vantagens econômicas oferecidas pelos homens e os serviços sexuais prestados pelas mulheres, além de conferir aos homens o direito de propriedade sobre a prole.

Nesse tipo de família haveria também certa proeminência da poliginia, que significa a relação de um homem com várias mulheres, embora fora do casamento, o que a distinguiria da poligamia (onde um homem tem várias esposas legalmente).

Outros autores, ainda, afirmam que o aparecimento de uma família negra, com características patriarcais como a maioria das famílias, destacava-se pela matrifocalidade e por um poder econômico acentuado por parte da mulher adulta. Ainda segundo os mesmos autores, essa situação seria o resultado de três fatores conjugados:

a) A escravidão teria separado as mulheres e os homens negros, já que os contratos do tráfego proibiam a inclusão de mais de 1/3 de mulheres em cada lote de escravos.

b) Os senhores aproveitavam-se de seu poder para exercer a exploração sexual sobre as escravas de sua propriedade, seja em uso próprio ou de seus amigos, seja explorando-as indiretamente por meio da prostituição nas ruas.

c) Essa situação ocorreria por causa da apropriação pelos donos de escravos da prole das mulheres negras.

Por ocasião da libertação parcial, muitos escravos homens dirigiram-se para os centros urbanos procurando exercer ali alguma profissão de artesão, enquanto as mulheres continuavam nas fazendas e eles acabavam por constituir novos núcleos familiares.

Por outro lado, como os negros livres mantinham relações com as mulheres escravas, isso teria criado uma possível "tradição" de poliginia que teria reforçado e multiplicado a formação e a tradição das famílias matrifocais entre eles (isto é, famílias que se constituem ao redor de uma mulher e seus filhos e netos).

Essas famílias constituiriam uma forma de organização bastante funcional, já que se tornaram a única garantia de subsistência e de sobrevivência das crianças e dos velhos, como veremos mais adiante.

Para Roger Bastide, "é indubitável que a família negra urbana seja o produto de um duplo processo de desagregação dos modelos africanos; o primeiro, remontando à promiscuidade sexual da escravidão e o segundo, à debandada que se seguiu à emancipação e que levou o negro a viver nas cidades longe do controle de qualquer grupo social".

A existência, no entanto, dessas famílias negras matrifocais extensas, não seria o resultado de uma "desorganização social", como se poderia crer numa primeira análise, salvo se admitirmos que a família nuclear e patriarcal (modelo das classes dominantes) seja o único modelo válido.

Embora haja uma tendência geral em considerar a família "incompleta" como indício dessa "desorganização social", a realidade é que ela também pode ser vista e compreendida como um modelo cultural em certos meios sociais e em certas épocas.

Essas famílias correspondiam, na realidade, a organizações bastante funcionais dentro de determinados contextos, como o dos meios pobres e rurais ou litorâneos e o do subproletariado urbano, nos quais a noção do casamento legal e/ou religioso não era um valor em si, mas representava um valor de classe e uma possibilidade de ascensão social.

Nos países mais pobres e subdesenvolvidos, as famílias matrifocais funcionam como espécies de cooperativas entre seus membros, ou "rede de ajuda mútua", capaz, bem ou mal, de remediar a ausência de responsabilidade familiar dos homens e de atenuar também as deficiências da infraestrutura social do sistema capitalista.

No entanto, os lares matrifocais têm, em regra, um nível de vida econômico forçosamente inferior ao das famílias nucleares, visto que, nos primeiros, são as mulheres as verdadeiras chefes de família. Elas não só ganham salários inferiores aos masculinos como também têm menores possibilidades e maior dificuldade de acesso a carreiras, além de nesses lares pouco ou nada se contar com a participação econômica masculina.

Para Maria Isaura Pereira de Queiróz, as uniões consensuais que dão origem aos núcleos matrifocais seriam um gênero de união constituindo uma "poligamia sucessiva", na qual a mãe é a referência e o sustento principal.

Revendo certos conceitos, como os de marginalidade, de norma e de desorganização social, poderemos entender melhor o sentido das famílias matrifocais.

Sempre, segundo Roger Bastide, pode-se falar em "marginalidade cultural quando indivíduos ou grupos possuem uma herança cultural dupla e não aderem a nenhuma das duas". Esse seria o caso dos negros que, tendo assimilado pela retransmissão oral usos, costumes e crenças dos escravos, seus antepassados, tiveram de adquirir e empregar paralelamente usos, crenças e costumes de uma sociedade branca, ocidental e dominante na qual estavam inseridos.

Por isso, afirma-se com frequência que qualquer tipo de família fora do modelo nuclear seria "anormal", visto ser ele o modelo majoritário, valorizado e dominante em nossa sociedade.

Isso, porém, não nos permite afirmar que a família matrifocal extensa corresponda a uma "desorganização social", pois essa organização, ainda que minoritária, possui funções específicas, sendo fruto de numerosos fatores, como vimos anteriormente.

Um grupo mais extenso que a família nuclear tem por papel não só compensar a instabilidade do marido ou companheiro, conforme já mencionamos, como também permitir o estabelecimento de uma ordem ilegítima sem perigo de destruir a organização social e econômica de um grupo ou de uma localidade.

Para vários autores, a família negra é uma instituição derivada, estabelecida sob a forma de cooperativa econômica na qual entram, em certas épocas da vida, aqueles que já não podem mais atender a suas necessidades.

Assim, é aí que virão se refugiar os homens em caso de desemprego, doença ou aposentadoria; é aí onde os filhos naturais encontrarão abrigo e alimento; e é aí ainda onde as mulheres mais jovens poderão encontrar o apoio e a solidariedade do grupo familiar feminino ao estabelecerem suas primeiras uniões consensuais.

Assim como podemos encontrar famílias negras na burguesia brasileira vivendo uma estrutura nuclear tradicional, encontramos o tipo de família matrifocal entre a população negra.

Afirmar, entretanto, que somente as famílias negras são matrifocais e extensas, ou que todas elas o são, seria um erro, pois no seio de grupos não negros, onde a pobreza é similar e onde o impacto da economia dominante cria a falta de oportunidades de emprego e de carreira para homens e mulheres, encontraremos as mesmas estruturas familiares com uma tipologia comparativa à dos grupos negros mencionados.

CONCLUSÃO V

A mudança — em questões sobre a família, como em todos os outros campos humanos — impõe-se aos homens de hoje.

É preciso reconhecer, no entanto, que a família parece-nos uma instituição bem mais estável do que muitas outras. Não evolui no mesmo ritmo: a mudança é muito mais lenta em suas formas.

A evolução não pode, sociologicamente, ser evitada, mas os atores sociais podem orientá-la. Nesse caso, os homens e as mulheres poderiam tentar satisfazer da melhor forma, em novos modelos familiares, suas permanentes necessidades de afeto, de comunicação e união entre os sexos e as gerações.

Os valores da felicidade e do desenvolvimento do indivíduo, seja qual for sua idade, sexo, raça ou status socioprofissional, devem se substituir aos valores de expansão industrial a qualquer preço, da produção e do consumo de bens supérfluos. A família nuclear, isolada entre as quatro paredes de um apartamento urbano, é um esquema funcional que atende aos interesses da sociedade industrial, seja do leste ou do oeste do mundo.

Sua divisão de tarefas entre marido e mulher, sua facilidade de locomoção, acompanhando as mudanças geográficas das empresas nas quais o chefe de família é assalariado, sua alienação da problemática social, sua motivação única e exclusivamente dirigida pelos meios de comunicação para o consumo, constituem uma estrutura ideal para ser manipulada em todos os níveis, do operário manual ao diretor-presidente da empresa nos interesses de um poder central.

Pensamos, portanto, ser preciso evitar atitudes e soluções muito dogmáticas e normativas, a fim de que as aspirações dos indivíduos possam, eventualmente, ser vividas e institucionalizadas de novas maneiras, já que as formas antigas não mais permitem a satisfação dessas aspirações.

INDICAÇÕES PARA LEITURA

BASTIDE, R. *La femme de couleur en Amérique Latine*. Paris: Anthropos, 1974.

BLAY, Eva Alterman. "Trabalho, família e classes sociais em São Paulo." *R. Inst. Est. Bras.* São Paulo: Fundação Carlos Chagas, 13: 87-99, 1972.

DURHAN, Eunice. *A caminho da cidade: a vida rural e a migração para São Paulo*. São Paulo: Perspectiva; Edusp, 1973. (Debates, 77)

ENGELS, F. *Origem da família, da propriedade privada e do Estado*. Rio de Janeiro: Civilização Brasileira, s/d.

FIGUEIREDO, M. "O papel socioeconômico das mulheres chefes de família numa comunidade pesqueira do litoral norte da Bahia", *Caderno de Debates* n. 6, Brasiliense.

FREIRE, G. *Casa grande e senzala.* Rio de Janeiro: Editora Record, s/d.

FUKUI, L. *Sertão e bairro rural.* São Paulo: Ática. (Col. Ensaios 58).

MICHEL, Andrée. *Sociologie de la famille et du mariage.* Paris: Presses Univ. de France, 1972.

PRADO, D., FIGUEIREDO, M., NEVES, A. "A estrutura familiar na opressão feminina". *Cadernos de Debate* nº 6. São Paulo: Brasiliense, 1980.

REICHEL DOLMATOFF, I. "Aspects de la vie de la femme noire dans le passé et de nos jours en Colombie". Citado por Bastide, R. *La femme de couleur en Amérique Latine.* Paris: Anthropos, 1974.

SCHMUKLER, B. *La mujer y la familia en la reprodución de la pequeña burguesía*, Centro de Estudios del Estado y Sociedad, Cedes. Este capítulo é o resumo dessa pesquisa.

SHORTER, E. *Naissance de la famille moderne.* Paris: Seuil, 1978.

WOORTMANN, Klaas. "Grupo doméstico e parentesco num vale da Amazônia." *R. Mus. Paul.*, São Paulo, 17: 209-377, 1967.

SOBRE A AUTORA

A leitura do *Deuxième sexe*, de Simone de Beauvoir, foi para Danda Prado uma tábua de salvação. Suas percepções foram justificadas por personalidades que adquiriram autoridade no seio dos que contestam o colonialismo e o imperialismo e que, ao mesmo tempo, contestavam a opressão das mulheres.

Todas as tentativas de discussão sobre as contradições vividas por ela como mulher eram taxadas de reacionárias pelos de esquerda e de comunistas pelos de direita.

Após terminar o curso de Pedagogia na Universidade de São Paulo, divorciada e com três filhos, quis voltar à psicologia. Inscreveu-se na Universidade de Columbia, em Nova York, em 1967.

A experiência mais extraordinária que teve nos Estados Unidos foi o contato com uma clientela negra do Harlem. Não tinha nenhuma experiência no problema dos afrodescendentes visto internamente. Isso lhe permitiu compreender como funciona o determinismo social, não somente em relação à origem de classe de cada um, mas também em relação à cor da pele. Foi para a França em 1970 e, preparando um doutorado, aprofundou suas reflexões sobre os condicionamentos da mulher, de forma mais estruturada. Defendeu sua tese sobre esse tema em 1977, na Universidade de Paris VII. Encarou todos os comportamentos considerados femininos como o resultado de um condicionamento socialmente determinado.

Coleção Primeiros Passos
Uma Enciclopédia Crítica

- ABORTO
- AÇÃO CULTURAL
- ACUPUNTURA
- ADMINISTRAÇÃO
- ADOLESCÊNCIA
- AGRICULTURA SUSTENTÁVEL
- ALCOOLISMO
- ALIENAÇÃO
- ALQUIMIA
- ANARQUISMO
- ANGÚSTIA
- APARTAÇÃO
- APOCALIPSE
- ARQUITETURA
- ARTE
- ASSENTAMENTOS RURAIS
- ASTROLOGIA
- ASTRONOMIA
- BELEZA
- BIBLIOTECA
- BIOÉTICA
- BRINQUEDO
- BUDISMO
- BUROCRACIA
- CAPITAL
- CAPITAL FICTÍCIO
- CAPITAL INTERNACIONAL
- CAPITALISMO
- CIDADANIA
- CIDADE
- CINEMA
- COMPUTADOR
- COMUNICAÇÃO
- COMUNICAÇÃO EMPRESARIAL
- CONTO
- CONTRACEPÇÃO
- COOPERATIVISMO
- CORPOLATRIA
- CULTURA
- CULTURA POPULAR
- DARWINISMO
- DEFESA DO CONSUMIDOR
- DEFICIÊNCIA
- DEMOCRACIA
- DEPRESSÃO
- DESIGN
- DIALÉTICA
- DIPLOMACIA
- DIREITO
- DIREITOS DA PESSOA
- DIREITOS HUMANOS
- DIREITOS HUMANOS DA MULHER
- DRAMATURGIA
- ECOLOGIA
- EDUCAÇÃO
- EDUCAÇÃO AMBIENTAL
- EDUCAÇÃO FÍSICA
- EDUCACIONISMO
- EMPRESA
- ENFERMAGEM
- ENOLOGIA

Coleção Primeiros Passos
Uma Enciclopédia Crítica

ESCOLHA PROFISSIONAL
ESPORTE
ESTATÍSTICA
ÉTICA
ÉTICA EM PESQUISA
ETNOCENTRISMO
EVOLUÇÃO DO DIREITO
EXISTENCIALISMO
FAMÍLIA
FANZINE
FEMINISMO
FILOSOFIA
FILOSOFIA MEDIEVAL
FILOSOFIA CONTEMPORÂNEA
FÍSICA
FMI
FOLCLORE
FOME
FOTOGRAFIA
FUTEBOL
GASTRONOMIA
GEOGRAFIA
GOLPE DE ESTADO
GRAFFITI
GRAFOLOGIA
HIERÓGLIFOS
HISTÓRIA
HISTÓRIA DA CIÊNCIA
HOMEOPATIA
HOMOSSEXUALIDADE
IDEOLOGIA
IMAGINÁRIO
IMPERIALISMO
INDÚSTRIA CULTURAL
INTELECTUAIS
ISLAMISMO
JAZZ
JORNALISMO
JORNALISMO SINDICAL
JUDAÍSMO
LAZER
LEITURA
LESBIANISMO
LIBERDADE
LINGUÍSTICA
LITERATURA INFANTIL
LITERATURA DE CORDEL
LOUCURA
MAIS-VALIA
MARKETING
MARXISMO
MEDIAÇÃO DE CONFLITOS
MEIO AMBIENTE
MENOR
MÉTODO PAULO FREIRE
MITO
MORAL
MORTE
MÚSICA
MÚSICA BRASILEIRA
MÚSICA SERTANEJA
NATUREZA

Coleção Primeiros Passos
Uma Enciclopédia Crítica

- NAZISMO
- NEGRITUDE
- NEUROSE
- NORDESTE BRASILEIRO
- OLIMPISMO
- PARTICIPAÇÃO
- PARTICIPAÇÃO POLÍTICA
- PATRIMÔNIO CULTURAL IMATERIAL
- PATRIMÔNIO HISTÓRICO
- PEDAGOGIA
- PESSOAS DEFICIENTES
- PODER
- PODER LOCAL
- POLÍTICA
- POLÍTICA SOCIAL
- POLUIÇÃO QUÍMICA
- PÓS-MODERNO
- POSITIVISMO
- PRAGMATISMO
- PSICOLOGIA
- PSICOLOGIA SOCIAL
- PSICOTERAPIA
- PSICOTERAPIA DE FAMÍLIA
- PSIQUIATRIA FORENSE
- PUNK
- QUESTÃO AGRÁRIA
- QUÍMICA
- RACISMO
- REALIDADE
- RECURSOS HUMANOS
- RELAÇÕES INTERNACIONAIS
- REVOLUÇÃO
- ROBÓTICA
- SEGURANÇA DO TRABALHO
- SEMIÓTICA
- SERVIÇO SOCIAL
- SOCIOLOGIA
- SOCIOLOGIA DO ESPORTE
- SUBDESENVOLVIMENTO
- TARÔ
- TAYLORISMO
- TEATRO
- TELENOVELA
- TEORIA
- TOXICOMANIA
- TRABALHO
- TRABALHO INFANTIL
- TRADUÇÃO
- TRÂNSITO
- TRANSEXUALIDADE
- TROTSKISMO
- UNIVERSIDADE
- URBANISMO
- VELHICE
- VEREADOR
- VIOLÊNCIA
- VIOLÊNCIA CONTRA A MULHER
- VIOLÊNCIA URBANA
- XADREZ